1. Auflage

Copyright:
LICHTBLICK BUCHVERLAG
Linzer Gasse 10
5020 Salzburg
Tel. (+43) 699/18879003
Mail: office@lichtblick.at
Idee: Eva Pap & Wolfgang Steinmetz
Konzeption und Fotos: Wolfgang Steinmetz
Rezepte & Umsetzung: Colette Prommer (Ö1 Radioköchin, Kochbüro, www.colettekochtauf.at) & A. J. Gruber
Food-Styling: A. J. Gruber
Assistenz: Toni Naber

GEMÜSERARITÄTEN UND ESSBARE BLUMEN VON
PETER LASSNIG www.ochsenherz.at

ISBN: 978-3-9502307-9-6

Printed in Austria, 2009

www.LICHTBLICK.at

LIEBESGERICHTE
Liebesgedichte

Colette Prommer | Eva Pap

LICHTBLICK BUCHVERLAG

Eva Pap, geboren in Budapest, lebt und arbeitet
heute als Journalistin und Galeristin in Salzburg. In
ihrer Galerie "PAP ART" ist die Kunst ihres Mannes
Zoltan Pap permanent präsent. Eva Pap stellt jedoch
immer wieder auch Fotokunst und Karikaturen aus.
Die Galerie ist ein lebendigen und frequentierter Treff-
punkt für Kunst- und Literaturinteressierte.

EVA PAP

Colette Prommer, geb. 1961, erforscht seit ihrer Kindheit das Kochuniversum, ausschlaggebend war dabei ihre Großmutter. Durch sie bekam sie einen natürlichen Zugang zum Kochen, mit ihrer Mutter setzte sich das freudige Komponieren und Entwickeln lukullischer Spezialitäten fort.

Freunde bekochen, mit ihnen aufkochen, Buffets für verschiedenste Anlässe zu kreieren und zu arrangieren oder ein festliches „Menu pour deux" gehören für Colette zum Savoir-vivre.

Und so kam es, dass sie ihre gesammelten Erfahrungen nun seit Jahren einmal monatlich in „Frau Colettes Radioküche" den Ö1-Radio-Hörern weitergibt und mit Raffinesse aus jeder noch so einfachen Zutat eine kleine Köstlichkeit fabriziert.

Colette Prommer hat sich – nach Jahren in der Werbung als Stylistin und Requisiteurin – einen kleinen Traum erfüllt und ein Kochbüro in einem Biedermeierhaus im 7. Wiener Gemeindebezirk eingerichtet. Ein Ort, wo sie Gerichte erforscht, in alten Kochbüchern schmökert und sich neue Leckerbissen für ihre Gäste ausdenkt.

Weiters schreibt Colette Prommer für die ORF-Nachlese und hat im Jahr 2006 ihr erstes Kochbuch „Gehört gekocht" herausgegeben.

COLETTE PROMMER

"Liebe geht durch den Magen"

Dass Essen und Liebe in einem starken Zusammenhang stehen, ist nichts Neues.
Die ideale Verbindung für ein kulinarisches Rendezvous sind aphrodisierende Nahrungsmittel und Gewürze aber auch ein schönes Ambiente oder das gegenseitige Vorlesen von Gedichten.
Genießen Sie mit allen Sinnen unsere Rezepte – der feine Geruch von Zimt und Safran, der phantasieanregende Anblick von Venusmuscheln und Spargel, der Geschmack von Ingwer und Artischocke oder die Liebesgedichte, die Ihnen ins Ohr geflüstert werden – lassen Sie Ihrer Phantasie freien Lauf und entdecken die Welt von Aphrodite.

Wieso Aphrodite?

Nach dem griechischen Geschichtsschreiber Hesiod, entstieg Aphrodite, die „Schaumgeborene" ihre Blöße hinter einem Myrtenstrauch verbergend an der Küste von Zypern dem Meer.

Als griechische Göttin der Liebe, der Schönheit und der sinnlichen Begierde wird sie durch Tiere, Blumen, Bäume aber auch durch Früchte symbolisiert. So zählen neben dem Apfel – DER höchsten Frucht des Paradieses – auch der Granatapfel oder die Mohnblüte zu Aphrodites Symbolfrüchten.
Viele Pflanzen, die psychoaktiv oder erotisierend wirken, intensiv duften oder deren Form Symbolcharakter hat, wurden mit Aphrodite in Zusammenhang gebracht und zu ihren Festen verwendet, so leitete sich auch der Begriff „Aphrodisiakum" von der griechischen Göttin der Liebe ab.

Liebescocktail mit Portwein

Das entkleidete Schweigen ist das Ende der Stille
Ich weiß, was ich dir sagen will
Komm zu mir.

Rezept Seite 96

Kürbis-Karotten-Schaumsüppchen
mit Wiener Schneck im Speck

Perfekte Inszenierung der Unsicherheit
Ich brauche keine Lorbeeren
Nur Augen, die mich sehen.

Rezept Seite 96

Paradeisercocktail

Dein Geist und dein Lachen
Die Vergangenheit verlässt uns
Und das „Jetzt" ist voller Zukunft!

Rezept Seite 97

Karotten-Orangensüppchen

Neugierig und staunend
Bewege ich mich auf meinem Kontrapunkt
Kann ich überhaupt lieben?

Rezept Seite 97

Rotes Kokossüppchen mit Zitronengras

Du schmeckst nach Kardamom und Ingwer
Deine Worte sind schattig
Voll besetzt mit unausgesprochenen Geheimnissen.

Rezept Seite 97

Beef Tartar auf Fisolen, gebratenen Roten Rüben und Trüffelkartoffel-Chips

Vertraust du mir?
Vertrau ich dir?
Dein Lachen und mein Humor!
Sind wir Verbündete?

Rezept Seite 98

Portwein-Ei mit Zwiebelconfit

Sind die liebespompösen Tage vorbei?
Suchst du bei mir nur Harmonie?

Rezept Seite 98

23

Carpaccio mit karamellisierten Cocktailparadeisern

Ohne Kompass gehe ich in deine Innenwelten hinein.
Verrate mir, wo lauert Gefahr?

Rezept Seite 99

Gebratene Radieschen mit Ziegenkäse

Deine verschlüsselten Zeichen beginne ich zu verstehen.
Es ist nicht leicht, aber lustvoll!

Rezept Seite 99

Gebratener roter Mangold mit Karottenflan

Unsere Bühne ist aufgebaut
Für die Liebe.
Die Statisten sind aufgestellt.
Sind unsere Rollen geklärt?

Rezept Seite 100

Gebratener Spargel mit glasierten Trauben

Deine Worte sind Brücken zu deinem Geist ...
Ich drehe mich um.
Ich habe Angst.

Rezept Seite 100

Puffer vom roten Trüffelkartoffel mit Forellenkaviar

Es ist nicht kalt und nicht warm.
Mein Hautgedächtnis voll mit dir!
Wo schaust du hin?

Rezept Seite 101

Rezept Seite 101

33

Gebratenes Rübencarpaccio mit Chilipesto

Es hätte sein können, dass ich dich nicht anschaue!
Es hätte sein können, dass ich dich nicht verstehe!
Aber wie wäre die Welt ohne diese Liebe?

Rezept Seite 101

Peperonatarolle mit zweierlei Basilikumcreme

Wörterfassaden
Kluge Gedanken
Ich bin in dem fast vollkommenen Augenblick
Bitte ein Kompliment -, aber nur für mich!

Rezept Seite 102

Rotes Risotto mit Pastirma

Wir sitzen auf dem Thron des Augenblicks.
Sind wir wirklich Götter der Liebe, des Begehrens?
Der Zeitraffer arbeitet gegen uns.

Rezept Seite 102

Rote Rüben im Parmesan mit Feige und Joghurt

Bitte zelebriere mir deine Liebe,
und sei nicht enttäuscht von meiner Zurückhaltung
ich möchte erobert werden.

Rezept Seite 103

Wilde Salami mit Liptauerpraline

Verschmelzen – es existiert nur für Sekunden
Bleib fremd und trotzdem annähernd
Hebe mir deine kostbaren schwachen Augenblicke auf.

Rezept Seite 103

Chilinudeln mit Pesto rosso

Wir atmen uns gegenseitig ein
Unsere Welten sind eins geworden
Dein Blick und deine Worte fließen auf meine Blutbahn.

Rezept Seite 104

Flusskrebsschwänze und Eierschwammerl im Nudelnest

Der Anruf zerstört den Zauber des Abends.
Deine Vergangenheit nistet sich in unserer Zukunft ein!

Rezept Seite 104

Spitzer Lachs auf Tarama

Dort berühr mich wo noch niemand war,
in der verstecktesten Ecke meines Wesens.
Es ist zum Fürchten,
aber ich mache dir den Weg frei.

Rezept Seite 105

Millefoglie aus Krebsschwänzen "in saor" und rotem Apfel

Unsere Abende sind vom Feinsten
Fragmente von einer Amour fou

Rezept Seite 105

Oktopus auf Limetten-Carpaccio

Ich will dein Geheimnis bleiben!
Geladen mit wilden Sehnsüchten
Eine unreale Wirklichkeit in der großen Umarmung.

Thunfischfilet mit Radispaghetti

Du bewältigst deine Vergangenheit
Ich bewältige meine Gegenwart.
Haben wir eine Zukunft?

Rezept Seite 106

Scampi mit Basmati-Wild-Reis und gebratenem Ingwer

Wie ein Feuerwind dufte ich dir entgegen!
Ich bin besetzt mit lustvollen Träumen.
Bleib nicht in deinem Elfenbeinturm.

Rezept Seite 107

Gebratene Jakobsmuscheln mit Eierschwammerlcreme

Perpetuum Mobile –
Es ist die große Liebe
Es ist die große Trennung,
und wieder zurück zu dir
und wieder weg von dir...
Halte mich!

Rezept Seite 107

Knurrhahn auf Roten Linsen-Spiegel

Rezept Seite 108

Weinbergschnecke in Pasta Kataifi

Ungezwungen und stürmisch
Prassen meine Launen auf dich hinunter
Sei nicht so erstaunt
Ich bin nur erschrocken von einem Gefühl.

Rezept Seite 109

Rosa Entenbrust auf Ofenkürbis mit Kartoffelsäulen

Was man alles aushält,
wenn man nicht hier ist und nicht dort!
Zwischen den Zeilen bauen wir uns einen geheimnisvollen Ort.

Rezept Seite 109

Rehfilet im Krautmantel mit Romanesco

Meine lustvolle Terminologie von Gefühlen
Wirft zwischen uns hohe Wellen.
Sei geduldig
Ich bin fast an deinem Ufer.

Rezept Seite 110

Coq au vin mit Kürbispüree

Bitte sammle Mut zu mir!
Küss mich so als wäre ich nur in deinem Traum anwesend.

Rezept Seite 110

Gefüllte Wachtel im Kartoffel-Nest mit Cranberry-Kompott

Unsere geheimsten Hieroglyphen
Brauchen wir nicht sofort erkennen
Nur kleine Schritte
In der Berührung
In dem Lachen
In den Tränen.

Rezept Seite 111

Lammkrone mit Kartoffelpüree, Minz-Pesto und gebratener Baby-Artikschoke

Orte und Räume, die uns miteinander gesehen haben
Können sie sich an die Zeilen
Die leise geflüsterten auch erinnern?

Rezept Seite 111

Rindersteak mit Zwiebel-Papaya-Chutney

Tanzend laufe ich dir entgegen
Ich bin heute dein Sommerwind
Sei nicht so erschrocken
Du sollst mir nicht folgen
Nur anschauen!

Rezept Seite 112

Escargot im Rotweinjus mit Parmesanpolenta

Alles findet statt
Es ist sehr gewöhnlich
Und trotzdem extravagant –
Es ist unsere Liebe.

Rezept Seite 112

Schafskäse mit Hollersaft

Eine Aura der Trauer
Eine Aura des Glücks
Ich will mit dir alle Barrieren überwinden
Bis wir zueinander finden!

Rezept Seite 113

Schlampencreme mit Pfeffer-Balsamico-Erdbeeren

Zuversicht in den fremden Gefühlen
Verständnis in den torkelnden Worten
Und einen Kuss brauche ich.

Rezept Seite 113

Karamellisierte Feigen mit Preiselbeerschlag

Unser Lachen galoppiert durch den regnerischen Tag
Und überströmt deine schlechte Laune.
Liebst du mich?

Rezept Seite 114

Granatapfeltörtchen

Knistern und Flüstern
Dumme Worte wechseln
Dich schnuppern
Dich berühren
Nicht aufhören zu lieben.

Rezept Seite 114

Feigen Tarte Tartin

Das prosaische wird schön.
Mit dir aufwachen
Nichtigkeiten reden
Auf die Sonne auf die Sterne schauen
Und die Vorstellung von der Liebe nie aufgeben.

Rezept Seite 115

Champagner mit Sorbet d´amour

Du bist in meine Gedanken hineingewoben
Mein Mund schmeckt nach dir
Das Fremde verlässt uns langsam.

Rezept Seite 115

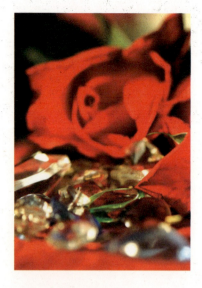
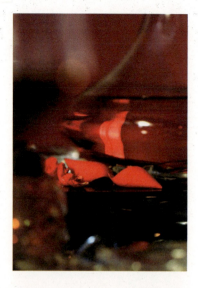

Es riecht nach roten Rosen.

Düfte aus tausend und einer Nacht liegen in der Luft.
Herrlich gekühlter Weißwein und wohl temperierter
Rotwein warten darauf getrunken zu werden.
Das Kerzenlicht funkelt in den Kristallen und in den
glücklichen Augen Ihres Vis a vis.
Das perfekte Ambiente für einen perfekten Abend zu
zweit – lassen Sie rote Rosen für Ihre Liebe regnen
und begeben sich auf eine kulinarische Entdeckungs-
reise in das Reich von Aphrodite und Venus.

„Für mich soll's rote Rosen regnen,
mir sollten sämtliche Wunder begegnen.
Das Glück sollte sich sanft verhalten,
es sollte mein Schicksal, mit Liebe verwalten."
Hildegard Knef

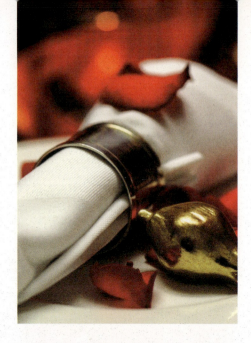

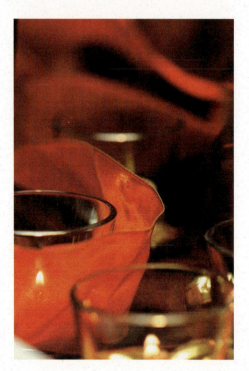

„Can you feel the love tonight ..."

Weißes Porzellan, rote Rosen und Samt in Orange.

Ein harmonisches Farbenspiel für die Liebe.

Weiß – das Gute, das Neue, die Wahrheit und die Unschuld.
Rot – die Leidenschaft und die Emotionen. Rot steigert die Sinnlichkeit, das bewusste Erleben und Fühlen und den Ausdruck ungehemmter Leidenschaft.
Orange – die Freude, das Lustige, die Geselligkeit. Die Wärme in dieser Farbe hebt unweigerlich die Stimmung und hebt emotionale Wärme hervor.

Zusätzlich noch Kerzenschein, den Duft des nahenden Essens in der Luft und leise Musik im Hintergrund – und einem romantischen „Menu pour deux" steht nichts mehr im Wege.

Rezeptregister

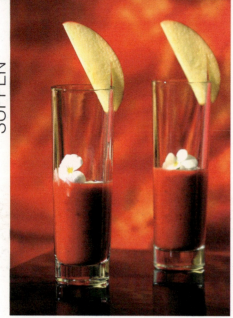

Tipp:
Die Original „Wiener Weinbergschnecke" gibt es bei Andreas Gugumuck auf seiner Schnecken-farm im 18. Bezirk!

www.wienerschnecke.at

Liebescocktail mit Portwein

Zutaten:
1 Pkg. gekochte rote Rüben, 1 Zwiebel (fein geschnit-ten), 3 EL gutes Olivenöl, 1/4 l Gemüsesuppe, Essig & Portwein, Salz & Pfeffer, Crema di Balsamico mit Hibiskusgeschmack, Blüten

Zubereitung:
Die Zwiebel und die kleingeschnittenen Rüben 3 Mi-nuten in Öl andünsten, mit Bouillon aufgießen, wei-tere 5 Minuten leicht köcheln lassen, mit Essig und Portwein würzen, salzen und pfeffern und mit dem Stabmixer alles fein pürieren.

Mit Crema die Balsamico mit Hibiskusgeschmack, einer Apfelspalte und einer essbaren Blüte dekorie-ren.

Kürbis-Ingwer-Schaumsüppchen mit Wiener Schneck im Speck

Zutaten:
1 kleine Zwiebel (geschält und würfelig geschnitten), 1 Knoblauchzehe (feingehackt), 1 EL frischer Ingwer (feingehackt), 50 g Butter, 200 g Speisekürbis (würfelig geschnitten), 1/8 l Weißwein, 1/4 l Kalbsfond, 1/8 l Wasser, Kümmel, Zimt, Salz & Pfeffer, 4 Wein-bergschnecken, 4 Scheiben Frühstücksspeck

Zubereitung:
Zwiebel, Knoblauch und Ingwer in Butter solange an-schwitzen bis die Zwiebel glasig ist, danach die Kür-biswürfel dazugeben, mit Weißwein, Kalbsfond und Wasser aufgießen. Mit Kümmel, Zimt, Salz und Pfef-fer abschmecken und ca. 20 Minuten köcheln lassen, anschließend mit dem Pürierstab pürieren und zum Schluss mit Schlagobers montieren. In der Zwischen-zeit jeweils eine Schnecke mit einer Speckscheibe umwickeln, in einer Pfanne mit Butter anbraten und jeweils 2 Schnecken auf einen Spieß stecken. Die Suppe in Gläser füllen, mit geschlagenem Schlag-obers und einem Schnecken-Spieß servieren.

Paradeisercocktail

Zutaten:
1/2 l Tomaten (püriert), 2 EL Olivenöl, 5 EL Tomatenmark, 1/4 l Gemüsebouillon, 1 handvoll frisches Basilikum, ein kräftiger Schuss Portwein, Salz & Pfeffer, Crema di Balsamico, Apfel, Minzblatt

Zubereitung:
Alle Zutaten miteinander aufkochen und fein pürieren in ein Glas eingießen. Mit der gefächerten Apfelhälfte und dem Minzblatt dekorieren.

Karotten-Orangensüppchen

Zutaten:
2 Karotten, Saft und Schale einer Orange, 1 Zwiebel, Olivenöl, 1 TL Currypulver, 1 TL Curcumapulver, 1/2 l Gemüsebouillon, 1/8 l Cognac

Zubereitung:
Die klein geschnittene Zwiebel und die geschälten und fein geriebenen Karotten in Olivenöl anrösten, mit Gemüsebouillon und Orangensaft aufgießen, 5 Minuten köcheln lassen, mit Curry und Curcuma, Salz und Pfeffer würzen, Cognac dazugeben und mit dem Küchenstab mixen. In Gläser füllen und mit Orangenschalen dekorieren.

Rotes Kokossüppchen mit Zitronengras und Limettenblättern

Zutaten:
1/2 l Kokosnussmilch, 2 EL Tomkapaste, 2 Limettenblätter, 2 Stangen Zitronengras, 1/8 l Roter Rübensaft, 4 Shrimps

Zubereitung:
Die Kokosnussmilch mit den anderen Zutaten aufkochen, 5 Minuten leise köcheln lassen und vor dem Servieren das Zitronengras und die Limettenblätter entfernen.

1 Stange Zitronengras bis zum innersten Kern schälen, halbieren und auf diese die Shrimps stecken.

Beef Tartar auf Fisolen mit Trüffelkartoffel-Chips, Rote Rüben Würfeln

Zutaten:
200 g rohes sehr gutes Rindfleisch, Preiselbeer-Marmelade, Dijon-Senf, Salz & Pfeffer, 1 Prise Zucker, 1 Zwiebel, 10 Fisolen, 1 Trüffelkartoffel, 1/2 Rote Rübe, etwas Butter, Öl zum Frittieren, Chili-Fäden zum Dekorieren

Zubereitung:
Das Rindfleisch in kleine Würfel schneiden, die Zwiebel sehr fein hacken. Rindfleisch und Zwiebel mit der Preiselbeer-Marmelade, Dijon-Senf, Salz, Pfeffer und Zucker gut miteinander vermischen und etwas durchziehen lassen. In der Zwischenzeit die Fisolen putzen und in Wasser kurz blanchieren, abschrecken und in Butter schwenken. Die Trüffelkartoffel schälen und mit einer Hobel sehr feine Chips hobeln, diese ein heißem Öl frittieren, auf Küchenpapier abtropfen lassen und salzen. Die Rote Rübe schälen und in kleine Würfel schneiden, diese zu den Fisolen in die Pfanne geben und ebenfalls in der Butter schwenken.

Portwein-Ei mit Zwiebelconfit

Zutaten:
3 Eier, 2 Zweige Thymian, 2 Zweige Rosmarin, 1 Lorbeerblatt, 1/2 l Portwein, 1/4 l Rotwein, Pfeffer, 3 Zwiebeln (in mittelstarke Streifen geschnitten), 2 EL Zucker, Lavendelsalz, Pfeffer, Schale und Saft einer Bio-Orange

Zubereitung:
Die Eier 7 Minuten hart kochen und mit Schale in einem Küchentuch anschlagen, sodass ein Muster entsteht, dann in Port- und Rotwein sowie den Kräutern 30 Minuten auf kleiner Hitze köcheln.
Die Zwiebeln in Rotwein und Zucker sowie Salz, Pfeffer und Orangensaft solange einkochen, bis eine dickliche Masse entsteht. Am Ende die feinen Orangenschalen einrühren.
2 Eier ganz lassen, das 3. Ei halbieren und auf dem Confit anrichten.

Carpaccio
mit karamellisierten
Cocktailparadeisern

Zutaten:
400 g Rindsfilet, 3 EL Olivenöl, 3 EL brauner Zucker oder Honig, 500 g Cocktailparadeiser, Essig, Portwein, 1/4 l Kochmadeira, Saft und geriebene Schale einer Limette, 1 EL Dijonsenf, 2 EL Rotweinessig, 1 TL Lavendelsalz, 3 EL geriebener Parmesan, Crema di Balsamico Classic

Zubereitung:
Das Rindsfilet in Folie wickeln und 3 Stunden ins Eisfach legen. Zucker mit Olivenöl zum Schmelzen bringen, die Paradeiser dazugeben und bei mittlerer Hitze ca. 5 Minuten schmurgeln lassen, mit Essig und Portwein ablöschen, 10 Minuten weiter köcheln. Salzen und pfeffern, nochmals mit Essig und Madeira ablöschen, Limettensaft und Senf einrühren und alles gut durchrühren. Das Fleisch aus der Folie wickeln, in hauchdünne Scheiben schneiden, gemeinsam mit den Cocktailparadeisern anrichten, mit Olivenöl und Crema di Balsamico Classic dekorieren und Limettenschalen und Parmesan darüber streuen.

Gebratene Radieschen mit
Ziegenkäse in rotem Pfeffer

Zutaten:
1 Ziegenkäserolle, rote Pfefferkörner, 1 Bund Radieschen, 1 roter süßlicher Apfel, 1 nussgroßes Butterstück, 3 EL Olivenöl, Salz & Pfeffer

Zubereitung:
Den Käse in 2 cm dicke Scheiben schneiden und in Pfefferkörner rollen.
Den Apfel horizontal halbieren, vom Kerngehäuse befreien und mit der Schnittfläche in Butter anbraten.
Die Radieschen vierteln, in Olivenöl von allen Seiten anbraten, salzen und pfeffer.
Käsestück in Apfelhälften anrichten und mit den Radieschen garnieren.

Gebratener roter Mangold mit Karottenflan

Gebratener Spargel mit glasierten Trauben

Zutaten:
300 g roter Mangold, Olivenöl, Lavendelsalz, Pfeffer
200 g Karotten, 2 Blätter Gelatine, Salz & Pfeffer,
1 EL Dijonsenf, 1 EL Ingwer (gerieben), Muskatnuss
(gerieben)

Zubereitung:
Die Karotten fein reiben, in einem Topf mit Olivenöl
dünsten, Ingwer, Senf und Muskatnuss beifügen,
eventuell mit ein bisschen Wasser aufgießen, sodass
eine weiche aber feste Masse entsteht, mit dem Mix-
stab fein pürieren. Die Gelatineblätter nach Vorschrift
auflösen und in die Karottencreme einrühren. 2 Glä-
ser oder Tassen mit Klarsichtfolie auskleiden, die Ka-
rottenmasse einfüllen und 2 Stunden im Kühlschrank
fest werden lassen. Den Mangold waschen, kurz in
Olivenöl braten, die Blätter sollen knackig bleiben,
warm stellen. Den Karottenflan im Glas im Backrohr
bei 100°C erwärmen, dann aus der Form nehmen
und auf dem Mangold anrichten.

Zutaten:
2 Bund junger grüner Spargel, 250 g rote oder blaue
Weintrauben, Olivenöl, Salz & Pfeffer, 100 g Bre-
saola, Parmesan

Zubereitung:
Den Spargel im Ganzen in Olivenöl anbraten, bis er
eine leichte Färbung annimmt, aber noch knackig ist,
in der letzten Phase die Weintrauben dazugeben und
mitbraten, salzen und pfeffern.
Mit der Bresaola (kalt) anrichten, mit Olivenöl beträu-
feln und Parmesan darüber reiben.

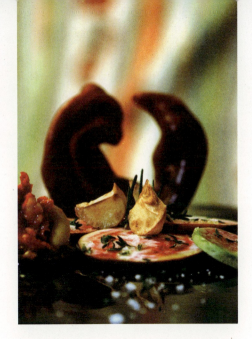

Puffer vom blauen Trüffel-kartoffel mit Forellenkaviar

Zutaten:
400 g blaue Trüffelkartoffel, 2 Eier, 2 EL Mehl,
1 Knoblauchzehe (gerieben), 1 EL Dijonsenf, Trüf-
felöl, Salz & Pfeffer, 3 EL Granatapfelkerne, Öl zum
Herausbacken, 1 Glas (180 g) Forellenkaviar, Schnitt-
lauchhalme zur Dekoration

Zubereitung:
Die Kartoffeln schälen und auf feinster Seite einer
Reibe reiben, mit Mehl, Eiern, Senf, Salz und Pfeffer
sowie einigen Tropfen Trüffelöl gut vermischen und
kleine ovale Puffer formen. In Öl beidseitig je 3 Minu-
ten herausbacken, dann halbieren, eine kleine Öff-
nung formen und mit 3 Granatapfelkernen füllen, mit
Kaviar belegen und eventuell mit mariniertem Feld-
salat servieren.

Gebratenes Rüben-carpaccio mit Chilipesto

Zutaten:
Rote, weiße und gelbe Rüben aus Biologischem
Anbau, Olivenöl, Thymianblätter, Lavendelsalz, Pfef-
fer

Zubereitung:
Die Rüben in der Schale in dünne Scheiben schnei-
den, salzen, pfeffern und mit Thymian in Olivenöl an-
braten.
Chilipesto: Chili, Paprika, geröstete Pinienkerne, Oli-
venöl, Parmesan, Salz und Pfeffer miteinander im
kleinen Küchenmixer halbfein mixen.

Peperonatarolle mit zweierlei Basilikumcreme

Zutaten:
1 roter langer Paprika, 1 gelber langer Paprika, 1 Becher Frischkäse, 1 Bund rotes Basilikum, 1 Bund grünes Basilikum, Olivenöl, 1 EL Honig, Salz & Pfeffer, 1 EL Macadamianüsse

Zubereitung:
Die Paprikas entstielen und entkernen, in längliche Streifen schneiden, salzen und pfeffern und in Olivenöl beidseitig braten, bis die Hautseite bräunliche Blasen wirft.
Aus dem Frischkäse mit Salz, Pfeffer, den fein gehackten Nüssen und dem Honig eine Creme rühren. Die Masse halbieren und in je eine Hälfte der Creme feingeschnittenes rotes und grünes Basilikum mischen.
Die Paprikastreifen mit den beiden Käsefüllungen bestreichen, einrollen und nochmals mit Olivenöl beträufeln.

Rotes Risotto mit Pastirma

Zutaten:
150 g Risottoreis, 1 kleine Zwiebel (fein geschnitten), 1/2 l Roter Rübensaft, 1/8 l Gemüsesuppe, Muskatnuss, 1 daumengroßes Stück Ingwer, 1 Prise Curry, 3 EL Olivenöl, Lavendelsalz, 200 g fein geschnittenes Pastirma (luftgetrocknetes Rinderfilet in Kräuterkruste), 1 Stk. Parmesan

Zubereitung:
Den Reis mit Zwiebeln in Öl kurz anrösten, mit Rübensaft und Suppe aufgießen und ständig rühren, mit Muskat und Ingwer würzen, in eine eingeölte Form drücken (zB kleine Schüssel oder Tasse) und auf einen Teller stürzen, mit Pastirma belegen, Olivenöl darüber geben und Parmesan darüber hobeln.

Rote Rübe im Parmesan mit Feige und Joghurt

Zutaten:
1 rote Rübe, etwas Mehl, frisch geriebener Parmesan, Semmelbrösel, 1 Ei, Butterschmalz, Salz & Pfeffer, 2 Feigen, griechischer 10%iger Joghurt

Zubereitung:
Die rote Rübe wie gewohnt kochen, jedoch sollte sie noch knackig sein, danach schälen, abtrocknen und in Scheiben (ca. 1 cm dick) schneiden.
In einem tiefen Teller das Ei verquirlen, mit Parmesan (2/3) und Semmelbröseln (1/3) vermischen und mit Salz und Pfeffer würzen.
Die Rote Rüben-Scheiben zuerst mit Mehl bestauben, danach mit der Ei-Parmesan-Semmelbrösel-Mischung panieren und in heißem Butterschmalz goldgelb herausbacken. Danach auf Küchenpapier abtropfen lassen.
Die Rote Rüben-Schnitzel in der Mitte durchschneiden und auf griechischem Joghurt anrichten, dazu die Feige reichen.

Wilde Salami mit Liptauerpraline

Zutaten:
150 g Wildsalami, 1 Pkg. Brimsentopfen, 1 TL Rosenpaprika, 1 TL Kapern (fein gehackt), 1 TL Schnittlauch (in dünne Röllchen geschnitten), 1 TL Zwiebel (fein gehackt), 1 TL Gurkerln (fein gehackt), Salz, 1 EL rosa Preiselbeersenf

Zubereitung:
Die Salami in Röllchen drehen, für den Liptauer alle Zutaten gut durchmischen und eventuell nachwürzen. Kleine Kugeln formen und kühl stellen.
Die Salami kann auch wie ein Holzstoß gelegt werden, dann die Pralinen anrichten und mit ganzen Kapern und Schnittlauchhalmen garnieren. Dazu Olivenöl reichen.

Chilinudeln mit Pesto Rosso

Zutaten:
300 g Chilinudeln (gibt es in verschiedenen Sorten: Spaghetti, Penne, ..), Pesto Rosso (gibt es fertig von vielen Produzenten) oder selbstgemacht: 100 g eingelegte getrocknete Paradeiser, 3 EL schwarze Oliven, 1 TL frische Thymianblätter, 50 g geriebener Parmesan, 4 EL Olivenöl, 1 kleine Chilischote, Salz

Zubereitung:
Die Nudeln nach Anleitung al dente kochen.
Für das Pesto alle Zutaten fein durch einen kleinen Fleischwolf drehen oder mit einem kleinen Küchenmixer halbfein mixen. Etwas Nudelwasser in das Pesto rühren und mit den Nudeln anrichten. Etwas Parmesan mit dem Sparschäler über das Gericht reiben.

Flußkrebsschwänze und Eierschammerl im Nudelnest

Zutaten:
160 g feine Bandnudeln, ca. 20 Flusskrebsschwänze, ca. 14 kleine Eierschwammerl, 2 EL Safrancreme, Salz & Pfeffer, 1 kleine Chili-Schote, etwas Butter

Zubereitung:
Die Bandnudeln in leicht gesalzenem Wasser al dente kochen. In einer Pfanne die Butter schmelzen, die Flusskrebsschwänze und die gereinigten Eierschwammerl sautieren, die klein geschnittene Chili-Schote dazugeben, die Safrancreme untermischen und mit Salz und Pfeffer abschmecken. Eventuell noch etwas „Nudel-Wasser" dazugeben. Die Nudeln abseihen, gut abtropfen lassen und noch heiß auf Tellern Nudel-Nester formen, die Krebsschwänze und Eierschwammerl darauf verteilen und mit der Sauce dekorieren.
Safrancreme: Butter schmelzen und etwas Safranpulver dazugeben (Achtung bei der Dosierung: zuviel Safranpulver kann die Creme bitter machen), mit dem Stabmixer kurz aufschäumen und kühl stellen.

„IN SAOR" – was bedeutet das?
Dieses raffinierte, doch nicht schwierige alte Rezept erlaubte die Aufbewahrung des gegarten Fischs für einige Tage. Was nicht unbedeutend war in einer Zeit, als Essen in Dosen oder Kühlung noch nicht existierten und die Fischer oft tagelang auf dem Schiff waren. Die "sarde" oder "sardelle" (Sardinen) waren und sind einer der beliebtesten und meistverbreiteten Fische und die Zubereitung "in saor" findet sich heute noch sowohl in der Volksküche als auch auf den großen Tafeln. Heute werden sehr viel verschiedene Arten von Meeres- früchten „alla saor" eingelegt.

Das Originalrezept des nebenstehenden Rezeptes Millefoglie stammt aus dem Restaurant Lineadombra (Venedig).

Millefoglie di scampi in saor con mela verde - Millefoglie mit Scampi in saor und grünem Apfel.

Das Rezept finden Sie auf unserer Homepage:
www.LICHTBLICK.at

Spitzer Lachs auf Tarama

Zutaten:
300 g geräucherter Lachs, 200 g Tarama (Fischeierpaste), 1 EL Olivenöl, 1 EL Dijonsenf, Pfeffer, Saft und Schale einer unbehandelten Zitrone, 1 A5 großes Stück Folie, essbare Blüten

Zubereitung:
Die Folie zu einem Spitz drehen und zukleben, den Lachs in kleine Stücke schnetzeln, mit Zitronensaft und Pfeffer würzen, mit Dijonsenf gut abrühren, ohne Lufteinschlüsse in den Spitze drücken und 2 Stunden im Kühlschrank rasten lassen.
Aus dem Tarama einen Sockel anrichten – eventuell 1 Apfelscheibe als Basis unterlegen – den Lachs aus der Folie nehmen und den Spitze auf die Fischcreme setzen. Mit essbaren Blüten dekorieren und mit Tomatenbrot servieren.

Millefoglie aus Krebsschwänzen mit rotem Apfel

Zutaten:
300 g Krebsschwänze, Mehl zum Bestäuben, Öl, Meersalz, 300 g rote Zwiebeln, Olivenöl, 1 Glas Weißweinessig, 1 Glas Weißwein, 1 roter Apfel

Zubereitung:
Die Krebsschwänze in Mehl wenden und in Öl frittieren, danach mit einer Prise Meersalz würzen und kalt stellen. Die Zwiebel in Scheiben schneiden, in Olivenöl glasig dünsten, mit Weißweinessig ablöschen und Weißwein aufgießen. In einer großen Schüssel abwechseln eine Schicht Zwiebeln und eine Schicht Krebsschwänze geben, insgesamt 4 Schichten und mit einer Zwiebelschicht abschließen, mit dem restlichen Sud übergießen. Über Nacht im Kühlschrank, kühl stellen. Den roten Apfel in ca. 3 mm dicke Scheiben schneiden und das Kerngehäuse entfernen. Zum Anrichten eine Apfelscheibe auf einen Teller legen, darauf eine Schicht Krebsschwänze mit Zwiebeln, eine Apfelscheibe, wieder eine Krebsschwänze-Zwiebel-Schicht und mit einer Apfelscheibe abschließen.

Oktopus auf Limetten-Carpaccio

Zutaten:
4 gekochte Oktopusarme, Olivenöl, grobes Meersalz, Saft einer Limette, 2 Limetten, Rohrzucker, frische Marokkanische Minze

Zubereitung:
Die Oktopusarme in Olivenöl mit Salz anbraten, mit Limettensaft abschmecken.
Die Limetten in sehr dünne Scheiben schneiden, auf ein Backblech legen, mit etwas Rohrzucker bestreuen und im Backrohr unter dem Grill leicht karamellisieren.
Die Limettenscheiben auf einem Teller anrichten, einige frische Minze-Blätter darüber streuen, die Oktopusarme darauf legen und mit Weißbrot servieren.

Thunfischfilet mit Radispaghetti

Zutaten:
300 g frisches entgrätetes Thunfischfilet, Sojasauce, Pfeffer, 1 Radistange, Rotwein, Olivenöl, Glace di Balsamico mit Safrangeschmack

Zubereitung:
Den Thunfisch in dünne Scheiben schneiden (ca. Sushiformat), in Olivenöl und Sojasauce einlegen und pfeffern.
Vom Radi mit einem Julienneschneider lange Spaghettis abziehen und ca. 5 Minuten im Rotwein auf kleiner Flamme köcheln.
Die Thunfischfilets auf den lauwarmen Spaghettis anrichten und mit ein wenig Olivenöl beträufeln.

Scampi mit Basmati-Wild-Reis und gebratenem Ingwer

Zutaten:
4 Scampi, gekochter Basmatireis, gekochter Wildreis, 1 EL Honig, Butter, frischer Ingwer

Zubereitung:
Die Scampi (ohne Schale und vom Darm befreit) in Butter scharf anbraten, innen sollten sie jedoch noch etwas glasig sein, den frischen in kleine Würfel geschnittenen Ingwer dazugeben und kurz mitbraten. Die Pfanne vom Herd nehmen und die Scampi warm stellen.
In einer anderen Pfanne etwas Butter schmelzen, den Honig dazugeben und den gekochten Wildreis darin leicht karamellisieren.
Zum Anrichten einen Basmati-Reis-Hügel auf einem Teller formen, darauf etwas vom karamellisierten Wild-Reis geben, daneben die Scampi legen oder stellen und den gebratenen Ingwer dazu reichen.

Jakobsmuscheln mit Eierschwammerlcreme

Zutaten:
6 frische Jakobsmuscheln, Butter, Glace di Balsamico mit Safrangeschmack, Zitronensaft, 300 g frische Eierschwammerl, 2 nussgroße Stück Butter, 1/8 l Schlagobers, 1 EL Dijonsenf, Salz & Pfeffer, 1 TL frische Thymianblätter, Muskatnuss, Schale einer unbehandelten Zitrone

Zubereitung:
Für die Schwammerlcreme die Schwammerln gut reinigen – nur mit Messer und Bürste, in Butter andünsten, mit Obers aufgießen und so lange schmurgeln lassen, bis eine sämige Konsistenz erreicht ist, dann mit Senf, Salz, Pfeffer, ein wenig geriebener Muskatnuss, Zitronenschale und Thymian in einer Küchenmaschine pürieren. Die Jakobsmuscheln salzen und pfeffern, kurz in Butter auf beiden Seiten anbraten, bis sei eine leicht bräunliche Farbe annehmen und mit ein wenig Zitronensaft würzen. Beim Anrichten mit Glace di Balsamico würzen und mit Baguette oder Nussbrot servieren.

Knurrhahn auf
Roten Linsen-Spiegel

Zutaten:
1 großer Knurrhahn (ca. 500 g), Saft einer Zitrone, grobes Meersalz, Salz & Pfeffer, Olivenöl, 1/4 l Weißwein, 250 g rote Linsen, 1/2 TL Curcuma, 1/4 TL Kreuzkümmel, 1 dicke Scheibe Lardo, 2 Kartoffeln, frischer Rosmarin, Butter zum Braten

Zubereitung:
Den Knurrhahn mit Zitronensaft und Meersalz würzen. In eine feuerfeste Form legen, mit Weißwein untergießen und im Backrohr bei 200°C 30 – 35 Minuten garen, eventuell mit etwas Olivenöl übergießen. Die roten Linsen waschen und mit Curcuma und Kreuzkümmel in Salzwasser ca. 15 Minuten bissfest kochen, danach abseihen. Lardo würfelig schneiden, in einer Pfanne anbrutzeln, die Linsen dazugeben und durchschwenken. Kartoffeln kochen, mit der Schale in Scheiben schneiden und in Butter und Rosmarin von beiden Seiten anbraten. Die Linsen auf einem flachen Teller verteilen, den Knurrhahn darauf legen und mit den Kartoffelscheiben servieren.

Der SEEKUCKUCK (Aspitrigla cuculus), einer der häufigsten Vertreter der Knurrhahn Familie. Er besitzt delikates, festes Fleisch - allerdings ist der Fleischanteil relativ gering.

Beschreibung
Der Knurrhahn gehört zur Familie der Panzerwangen. Seinen Namen hat der Fisch aufgrund der knurrenden Geräusche, die er mit seiner Schwimmblase erzeugen kann. Der Kopf des Knurrhahns ist knochengepanzert. Seine Brustflossen sehen fingerähnlich aus.

Roter Knurrhahn
Der Rote Knurrhahn wird unter optimalen Bedingungen bis 70 cm groß und 6 kg schwer. Die Färbung des Körpers ist rötlich, sein Bauch schimmert rosa und silbern. Auf dem Rücken hat er hellblaue Punkte und kleine Stacheln, die Brustflossen sind dunkelblau.

Vorkommen
Knurrhähne leben vor allem im Atlantik. Einige Arten sind auch in der Nord- und Ostsee, sowie im Mittel- und Schwarzmeer zu finden.

Geschmack
Das Fleisch ist nach der Zubereitung weiß und von fester Konsistenz. Es schmeckt sehr aromatisch und hat eine süßliche Note.

Weinbergschnecken

Wien war bis zum Anfang des 20. Jahrhunderts eine Hochburg der Schneckenliebhaber. Vor allem als Fasten-Speise wurden sie hoch geschätzt. Als Arme-Leute-Essen verpönt, kam die Weinbergschnecke im 19. Jahrhundert in der Gesellschaft wegen ihrer aphrodisierenden Wirkung wieder in Mode. Aus dieser Zeit sind bis heute noch viele Rezepte erhalten geblieben.

„Hast kann Speck, nimm an Schneck!"
Durch ihren hohen Omega-3-Fettgehalt (100 g Schnecken, was in etwa 3 ausgewachsene Schnecken entspricht, liefern den Tagesbedarf an Omega-3-Fettsäuren (=ca. 200 mg)) sind die Weinbergschnecken sehr nahrhaft und gesund. Deshalb gab es früher das Sprichwort „Hast kann Speck, nimm an Schneck!"

Weinbergschnecke in Pasta Kataifi auf Salatbettt

Zutaten:
4 Weinbergschnecken, Kataifi-Teig (= Teigfäden, die man in griechischen oder türkischen Geschäften fertig kaufen kann), Öl zum Frittieren, frische, knackige Salatblätter, Essig & Öl, Salz & Pfeffer

Zubereitung:
Jeweils eine Weinbergschnecke mit den Kataifi-Fäden umwickeln und in heißem Öl frittieren, bis die Fäden goldbraun sind.
Den Salat waschen, abtropfen lassen und mit Essig, Öl, Salz und Pfeffer ganz nach Belieben marinieren. Auf einem Teller ein Salatbett anrichten und darauf jeweils 2 Schnecken in Pasta Kataifi legen.

Rosa Entenbrust auf Ofenkürbis mit Kartoffelsäulen

Zutaten:
2 Entenbrüste mit Haut, ca. 1/2 Kürbis (Hokkaido), 2 Kartoffeln, Ahornsirup, Salz & Pfeffer, Olivenöl & Meersalz, frische Salbeiblätter, Butter, Butterschmalz

Zubereitung:
Kürbis waschen und in 1 cm dicke Spalten schneiden, auf ein Backblech legen, mit Olivenöl und Meersalz marinieren und im Backrohr bei 200°C ca. 20 Minuten backen. Die Entenbrüste salzen, pfeffern und die Haut schräg einschneiden. In Butterschmalz und frischen Salbeiblättern auf der Hautseite anbraten, bis sie knusprig sind. Dann wenden, noch 1 Minute braten und heraus nehmen. In eine Auflaufform mit der Haut nach oben legen und mit Ahornsirup bestreichen. 10 Minuten bei 220°C im Backofen zu Ende garen, die letzten 2 Minuten die Grill-Funktion des Backofens dazuschalten. Kartoffeln schälen und in gesalzenem Wasser gar kochen, danach kleine Säulen daraus stechen und diese in einer Pfanne mit Butter schwenken, mit Salz und Pfeffer würzen.

Rehfilet im Krautmantel mit Romanesco

Coq au vin mit Kürbispüree

Hokkaido der beliebteste Speisekürbis

Unter den zahlreichen Sorten im Speisekürbissortiment ist der Hokkaido am beliebtesten. Diese kleinfruchtigen Kürbisse mit orange-farbenem Fruchtfleisch erreichen ein Gewicht von bis zu zwei Kilogramm und lösen die traditionellen Schwergewichte wie beispielsweise Zentner-Kürbisse ab. Der Hokkaido hat einen guten Geschmack. Er ist auf einen hohen Carotingehalt gezüchtet worden und daher äußerst gesund. Die Schale zerfällt beim Kochen und kann mitgegessen werden. Er ist somit unkompliziert zu verarbeiten und gesund, denn unter der Schale sitzen die meisten Nährstoffe. Beim Einkauf sollte man kleinere Exemplare vorziehen. Denn diese sind geschmacksintensiver, nicht so faserig und haben ein festes Fruchtfleisch. Gut haltbar sind die Früchte aber nur, wenn sie unverletzt und ausgereift sind.

Zutaten:
2 Hirschfilet á 200 g, 8 Romanesco-Röschen, einige Jungkraut-Blätter, 4 Scheiben Hamburgerspeck, Zimt, Salz & Pfeffer, Butter zum Braten

Zubereitung:
Die Hirschfilets waschen, abtrocknen und mit Salz, Pfeffer und Zimt würzen. In Butter von allen Seiten scharf anbraten. Die Jungkraut-Blätter in leicht gesalzenem Wasser kurz blanchieren und abschrecken, abtrocknen und den harten Blattstamm in der Mitte entfernen. Die Hirschfilets aus der Pfanne nehmen, in die Krautblätter einwickeln, wieder in die Pfanne legen und einige Minuten braten. Den Hamburgerspeck dazugeben und mitbraten. Die Romanesco-Röschen in leicht gesalzenem Wasser bissfest blanchieren. Die Hirschfilets im Krautmantel schräg halbieren und mit den Hamburgerscheiben und den Romanesco-Röschen anrichten, mit etwas Bratensaft übergießen und servieren.

Zutaten:
2 Hühnerkeulen, 5 EL Butterschmalz, 2 Zwiebeln, 4 Scheiben Speck, 2 Lorbeerblätter, 2 EL frische Thymianblätter, 1/2 l Rotwein, 2 TL Zucker, 3 EL Petersilie (fein gehackt), 2 EL Mehl, Salz & Pfeffer 300 g Muskatkürbis, 1/8 l Schlagobers, Salz & Pfeffer, Muskat, 1 EL Dijonsenf

Zubereitung:
Die Keulen salzen, pfeffern und in Mehl wenden, die Zwiebeln klein schneiden und zusammen im Butterschmalz kräftig anbraten, die Hühnerkeulen herausnehmen und im Bratenrückstand Zucker, den klein geschnittenen Speck, Lorbeerblätter und Thymian kurz anbraten, die Keulen wieder dazugeben, mit Wein ablöschen und 15 Minuten einkochen.
Den Kürbis schälen, in kleine Würfel schneiden, in Olivenöl anbraten, salzen, pfeffern, mit Senf und Muskat würzen, mit Obers und ein bisschen Wasser aufgießen. 10 Minuten schmurgeln und mit dem Stabmixer fein pürieren.

Lagerung
In kühlen, trockenen Räumen in einem Netz aufgehängt, keinesfalls am Stiel.

Leicht und gesund
Mit 25 Kalorien pro 100 Gramm ist der Kürbis ausgesprochen kalorienarm und bekömmlich. Durch einen hohen Kalium- und gleichzeitig niedrigen Natriumgehalt wirkt er entwässernd, zudem enthalten Kürbisse reichlich Vitamine und Folsäure.

Artischocke

Die aphrodisierende Wirkung hat der Artischocke seit Jahrhunderten zu ihrem guten Ruf verholfen. Dieses Gemüse ist ein wahrer Gesundbrunnen für Genießer. Sie wirkt appetitanregend, bei nur 24 kcal/ 100 g ist dieses Gemüse ein idealer Begleiter für die leichte Küche.

Gefüllte Wachtel im Kartoffel-Nest mit Cranberry-Kompott

Zutaten:
2 Wachteln (küchenfertig), 1 Mandarine, ca. 4 Shii-Take-Pilze, 250 g Cranberries, 3 EL Rohrzucker, 1/4 l Rotwein, Honig, 2 große Kartoffeln, Salz & Pfeffer, Öl zum Frittieren, Butter zum Braten

Zubereitung:
Die Wachteln mit Salz und Pfeffer innen und außen würzen. Die Mandarine schälen, die Shii-Take-Pilze klein schneiden, durchmischen, mit Honig würzen und die Wachteln damit füllen, mit Zahnstochern verschließen. Honig in Butter schmelzen, die Wachteln darin von allen Seiten anbraten, danach im Backrohr bei 180°C ca. 15. Minuten garen. Kartoffeln schälen, feine Scheiben und daraus wieder ganz feine Streifen schneiden. In kaltem Wasser waschen und auf Küchenpapier abtrocknen, in heißem Öl knusprig frittieren und auf Küchenpapier abtropfen lassen, mit Salz würzen. Den Rohrzucker schmelzen, mit Rotwein ablöschen, die Cranberries dazugeben und ca. 10 Minuten einkochen.

Lammkrone mit Kartoffelpüree, Minz-Pesto und gebratenen Artischoken

Zutaten:
1 Lammkarree, 2 Scheiben Hamburgerspeck, frische Kräuter, 4 mehlige Kartoffeln, 1/8 l Kokosmilch, 20 g Butter, 2 Bund frische Minze, 5 EL Olivenöl, Salz & Pfeffer, 1 Prise Zucker, 2 Baby-Artischoken (in Butter gebraten), Zitronensaft, Öl und Butter zum Braten

Zubereitung:
Das Lammkarree kräftig mit Salz und Pfeffer würzen, in Olivenöl von beiden Seiten scharf anbraten. Das Karree zu einer Krone formen, mit Küchengarn festbinden und mit den Speckscheiben umwickeln. In die Krone frische Kräuter geben, im Backrohr bei 180°C je nach gewünschtem Garungsgrad (für medium am besten etwas 12 Minuten) braten. Das Lamm heraus nehmen und in Alufolie rasten lassen. Die gekochten Kartoffeln schälen und in einen Topf pressen, mit Kokosmilch und Butter zu einem Püree verarbeiten und auf ein Backblech kleine Hügel "spritzen", diese im Rohr kurz "backen". Die Minze-Blätter mit Olivenöl, Salz, Pfeffer und Zucker vermischen und fein hacken.

Rindersteak mit Zwiebel-Papaya-Chutney

Zutaten:
2 schöne Rindersteaks, 1/2 Papaya, 1 rote Zwiebel, Senfkörner, etwas Rotwein, Aceto Balsamico, Butter, Salz & Pfeffer, Blätter von Roten Rüben, Essig & Öl

Zubereitung:
Die Rindersteaks in heißem Öl von beiden Seiten scharf anbraten. Sobald die Steaks den gewünschten Garpunkt erreicht haben, die Pfanne vom Herd nehmen und die Steaks im Rohr (bei ca. 60 bis 70°C) rasten lassen. Die Zwiebel schälen und würfelig schneiden, die Papaya schälen und ebenfalls in Würfel schneiden. Die Butter schmelzen, die Zwiebelwürfel darin anschwitzen und mit Rotwein und Aceto Balsamico ablöschen, die Papaya und die Senfkörner dazugeben, mit Salz und Pfeffer würzen und etwas köcheln lassen. Die Rote Rüben-Blätter mit Essig, Öl, Salz und Pfeffer nach Belieben marinieren, auf Tellern anrichten, die Steaks aus dem Rohr nehmen, mit Salz und Pfeffer würzen und auf die Blätter legen, das Rote Zwiebel-Papaya-Chutney darauf verteilen.

Escargots im Rotweinjus mit Parmesanpolenta

Zutaten:
ca. 20 Weinbergschnecken, Olivenöl, 3 nussgroße Stück Butter, 1/2 l guter kräftiger Rotwein, 1 Zweiglein Rosmarin, 1 Zweiglein Thymian, 2 Schalotten, 3 EL Tomatenmark, 1/8 l Rinderfond, 1 kleine Karotte, 1 EL Dijonsenf, 2 EL Mehl, Salz & Pfeffer, 150 g Minutenpolenta, 3 EL Parmesan

Zubereitung:
Die Schalotten und Karotten sehr fein schneiden, im Olivenöl-Buttergemisch anbraten, Tomatenmark und Senf einrühren, mit Wein und Fond aufgießen und einreduzieren lassen, bis eine sämige Konsistenz entsteht, danach durch ein Sieb streichen, den Saft mit Mehl binden und mit Salz und Pfeffer würzen. Die Schnecken in den Saft geben und einige Minuten erwärmen.
Den Polenta nach Vorschrift kochen, mit Parmesan, Salz und Pfeffer abschmecken.

Schafskäse mit Hollersaft

Zutaten:
1 Rolle Schaffrischkäse, Hollersaft, Ribiseln oder andere Früchte zur Dekoration

Zubereitung:
Den Käse in ca. 2 cm dicke Scheiben schneiden, leicht versetzt übereinander schichten und mit einem dicklichen Hollersaft begießen, mit Früchten dekorieren und eventuell mit ein wenig Staubzucker würzen.

Schlampencreme mit Pfeffer-Balsamico-Erdbeeren

Zutaten:
250 g frische Erdbeeren, 5 EL Balsamicoessig, Pfeffer, 1 kleines Glas Haselnusscreme, 1 Becher Mascarpone, Saft und Schale einer unbehandelten Limette

Zubereitung:
Die Erdbeeren dritteln, 2 Stück ganz lassen, mit Essig und Pfeffer in einem Gefäß mischen und für 1 Stunde kalt stellen.
Aus der Haselnusscreme und dem Mascarpone eine homogene Creme rühren, mit Limettensaft und Limettenschale abschmecken.
Beeren und Creme gemeinsam in ein Glas schichten, mit einer ganzen Erdbeere dekorieren.

Karamellisierte Feigen mit Preiselbeerschlag

Zutaten:
4 Feigen, 2 nussgroße Stück Butter, 3 EL brauner
Zucker oder Honig, 1 Prise Zimt, 1 Prise Nelken (ge-
mahlen), Crema di Balsamico, 1/8 l Schlagobers,
2 EL Preiselbeermarmelade, Staubzucker, Liebes-
perlen

Zubereitung:
Butter mit Zucker in einer Pfanne auflösen, die Feigen
rundherum 5 Minuten anbraten.
Schlagobers mit Staubzucker steif schlagen und mit
Preiselbeermarmelade vermischen.
Die Feigen kreuzförmig aufschneiden, aufdrücken
und mit dem Preiselbeerschlag füllen, mit den Lie-
besperlen dekorieren.

Granatapfeltörtchen

Zutaten:
200 g Mürbteig (150 g Mehl, 100 g Butter, 50 g
Zucker, 1 Ei), Linsen, Granatapfelkerne, 100 g Maril-
lenmarmelade, 100 g Mascarpone, Saft und Schale
einer unbehandelten Limette

Zubereitung:
Für den Mürbteig alle Zutaten und ein wenig Wasser
und Salz zu einem Teig kneten und 1/2 Stunde im
Kühlschrank rasten lassen.
2 kleine Formen mit je der Hälfte des Teigs ausklei-
den, mit einer Gabel mehrmals anstechen und mit
Linsen belegen, 15 Minuten im Backrohr bei 200°C
„blind" backen, danach die Linsen entfernen und die
gebackenen Formen heraus nehmen.
Aus Mascarpone, der Marmelade und Zitronensaft
eine Creme rühren und in die ausgekühlten Törtchen
einfüllen, mit Granatapfelkernen belegen und mit Li-
mettenschalen bestreuen.

Früchte aus dem Garten Eden

Der Feigenbaum (Ficus carica) war schon im Garten Eden zu finden. In der Antike waren Feigen Heilmittel und Kraftnahrung. Getrocknete Feigen sind bei uns im Winter beliebt und ergänzen das heimische Obstangebot. Aber frisch schmecken vollreife Feigen himmlisch...

Feigen - Die gute Laune Macher!
In den Früchten steckt viel Tryptophan – daraus wird im Gehirn das „Gute Laune Hormon" Serotonin erzeugt. Die perfekte Begleiterin der Liebe!

Feigen Tarte Tartin

Zutaten:
2 reife Feigen, Blätterteig, 3 EL Rohrzucker, 3 EL Butter, Madeira, 3 EL Zartbitterschokolade-Raspeln

Zubereitung:
Rohrzucker und Butter zum Schmelzen bringen und mit einem kräftigen Schuss Madeira ablöschen. Die in feine Spalten geschnittenen Feigen in die Pfanne schichten und 2 bis 3 Minuten karamellisieren, vom Herd nehmen und die Schokolade-Raspeln über die Feigen streuen. Den Blätterteig über die Feigen legen, dabei darauf achten, dass er die Feigen komplett abdeckt, den Teigrand fest andrücken (Blätterteig zwischen Feigen und Pfanne stecken) und mit einer Gabel einige Löcher in den Teig stechen. Die Pfanne in das auf 200°C vorgeheizte Backrohr geben und ca. 20 Minuten backen, bis der Blätterteig schön goldgelb ist. Die Tarte vorsichtig auf ein Teller stürzen. Mit Staubzucker und eventuell noch einigen Schokolade-Raspeln bestreut servieren.

Champagner mit Sorbet d`amour

Zutaten:
1 Fl. Champagner Rose, 5 EL gefrorene Himbeeren, 5 EL gefrorene Erdbeeren, 5 EL Cassis, 2 EL Staubzucker, frische Granatapfelkerne

Zubereitung:
Die gefrorenen Früchte mit Staubzucker mit dem Stabmixer fein pürieren und zu kleinen Kugeln formen, sofort in das Glas mit Champagner geben und mit Cassis begießen, eventuell vorher die Granatapfelkerne hinein geben oder obenauf.

KULINARIK IM
LICHTBLICK BUCHVERLAG

ISBN 978-3-9502307-3-4

GEHEIMES SALZBURG

Ein genußvoller Roman von Edith Kneifl

Eine außergewöhnliche Kombination aus Kriminalroman, geheimnisvollen Locations und Original-Rezepten. Für den Krimi-Liebhaber wie für den begeisterten Hobby-Koch - Original-Rezepte der Salzburger Köche. Reale Personen treffen in einem spannungs- und genußvollen Roman auf fiktive - aus der Feder von Edith Kneifl. Begeben Sie sich vor Ort auf die Suche nach dem Mörder und den kulinarischen Genüssen.

- 60 Locations
- 60 Gerichte der Salzburger Köche
- 350 Farbfotos von W. Steinmetz

www.LICHTBLICK.at

Restaurant Kurz

Spanische Hofreitschule

Hotel Imperial

Hotel Bristol

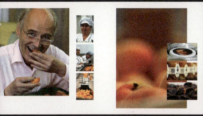

Staud´s Wien

Colette kocht auf

Wilhelm Jungmann & Neffe

Restaurant Korso

Hotel Sacher Wien

Steigenberger Hotel Herrenhof Wien

geheimes & genussvolles

Wien

Aufgezeichnet von
Elisabeth Pohl

LICHTBLICK

ISBN 978-3-9502307-6-5

Schauplatz WIEN

Dieser einzigartige und kunstvoll gestaltete Wien-Band bietet sowohl einen spannenden Streifzug durch Wien, einen historischen und kulinarischen Reiseführer als auch ein exklusives Kochbuch, gespickt mit unzähligen Essensfotografien, die von der ersten bis zu letzten Seite das Wasser im Mund zusammenlaufen lassen.

Der Plot spielt an Originalschauplätzen - in Restaurants, Hotels, Caféhäusern und an besonderen Orten der Stadt. Bei der Auswahl wurde großer Bedacht auf eine variantenreiche Mischung der Locations gelegt: vom Heurigen in Jedlersdorf über das Wirtshaus auf Haubenniveau im 18. Bezirk bis hin zum Gourmet-Tempel in der Innenstadt.

Aufwendig gestalteter Bildband mit

- über 350 Farbbildern von W. Steinmetz
- über 50 Original-Locations
- über 60 Rezepte der Wiener Köche
- Rezept- und Locationsregister

Vorwörter von:

Dr. Michael Häupl
(BM und Landeshauptmann von Wien)
KR Prof. Franz Zodl
(Direktor i.R. Gastgewerbefachschule)

AJG